똥손 엄마도 아이도 즐거운

세상 쉽고 재밌는 그림 그리기

똥손 엄마도 아이도 즐거운

세상 쉽고
재밌는
그림 그리기

소소하이 글·그림

서사원

아이가 자라면서 그리기에 재미를 느끼기 시작하는 때가 오지요. 동시에 그리고는 싶은데 마음대로 표현이 되지 않아 속상해하기도 하고 무작정 엄마에게 대신 그려달라고 조르기도 합니다. 그림이 익숙지 않은 엄마 또한 난감하기는 마찬가지입니다.

그럴 때 이 책을 펴고 아이가 그리고 싶은 페이지를 골라 함께 그려보세요. 아이는 그리고자 하는 대상이 어떤 특징을 가지고 있는지 관찰하며 흥미를 느끼고 엄마는 어른이 따라 그려도 사랑스러운 일러스트로 완성되는 즐거움을 느낄 거예요.

이 책에는 가장 가까운 사람들부터 일상 속의 다양한 상황들과 아이들이 관심 있어 할 만한 여러 소재들의 그리기 방법을 아주 쉽게 담았습니다. 그리는 방법뿐 아니라 그리면서 엄마와 아이가 자연스럽게 대화를 나눌 수 있도록 한 페이지 한 페이지 이야기를 담은 그림들로 가득 채웠습니다.

그리기를 익히고, 응용 그림 속 이야기를 상상해 보고, 이야기를 나누는 과정에서 아이들은 창의력과 집중력이 자라고 엄마와의 관계 또한 친밀해질 것입니다.

자, 이제 아이와 나란히 앉아서 도란도란 이야기를 나누며 스케치북을 채워볼까요?

그리기의 즐거움이 막 시작된 아이와 어른이 되면서 그리기의 즐거움을 잊어버린 엄마에게 그림을 통해 추억을 남길 수 있는 첫걸음이 되길 바랍니다.

차례

프롤로그 ··· 04
엄마와 아이가 함께 쓰는 그리기 재료 ··· 10
도형으로 그리기 연습하기 ··· 14
도형 조합해서 그리기 ··· 17
사람 그리기(얼굴 표현하기) ··· 18
사람 그리기(몸동작 표현하기) ··· 20

CHAPTER 1
우리 가족을 소개해요

세상에서 제일 멋진 나 ··· 24
내가 좋아하는 것 ··· 26
예쁜 우리 엄마 ··· 28
엄마의 여러 가지 모습 ··· 30
멋진 우리 아빠 ··· 32
아빠의 여러 가지 모습 ··· 34
귀여운 내 동생 ··· 36

CHAPTER 2
시골 할아버지 할머니 댁에 가요

따뜻한 할머니 ··· 40
자상한 할아버지 ··· 42
장난꾸러기 강아지 ··· 44
닭과 병아리 ··· 46
사랑스런 고양이 ··· 48

CHAPTER 3
유치원에 가는 날

여자친구	⋯ 52
남자친구	⋯ 54
유치원의 특별한 날	⋯ 56

CHAPTER 4
나는 자라서 무엇이 될까요

경찰관과 경찰차	⋯ 60
소방관과 소방차	⋯ 62
의사와 구급차	⋯ 64
파일럿과 비행기	⋯ 66
중장비 조종사와 포크레인	⋯ 68
농부와 트랙터	⋯ 70
우주비행사와 우주선	⋯ 72
잠수부와 잠수함	⋯ 74
그밖의 여러 가지 직업들	⋯ 76

CHAPTER 5
동물 친구들을 만나러 가요

깡충깡충 토끼	⋯ 80
다람쥐와 날다람쥐	⋯ 82
엄마곰과 아기곰	⋯ 84
호랑이	⋯ 86
사자	⋯ 88
기린	⋯ 90
코끼리	⋯ 92
여우	⋯ 94
거북이	⋯ 96
원숭이	⋯ 98
말과 양	⋯ 100

CHAPTER 6
숲속으로 소풍 가요

장미와 튤립	⋯ 104
해바라기와 코스모스	⋯ 106
나비와 벌	⋯ 108
달팽이와 지렁이	⋯ 110
개미와 무당벌레	⋯ 112
사슴벌레와 장수풍뎅이	⋯ 114
개구리와 올챙이	⋯ 116
새 가족	⋯ 118

CHAPTER 7 바다로 휴가를 가요

여러 모양의 물고기	… 122
꽃게 소라게	… 124
고래와 돌고래	… 126
오징어와 문어	… 128
상어와 가오리	… 130

CHAPTER 8 나의 꿈 속 세상

유니콘	… 134
숲속 요정	… 136
산타할아버지와 루돌프	… 138
슈퍼 히어로	… 140
육식공룡	… 142
초식공룡	… 144
꼬마 마녀	… 146
내맘대로 몬스터	… 148

부록 그림으로 즐겁게 활동하기

우주선과 우주인	… 152
움직이는 포크레인	… 154
시들지 않는 꽃병	… 156
나만의 미니 어항	… 158

엄마와 아이가 함께 쓰는 그리기 재료

엄마와 아이가 함께 다양한 재료들을 사용해보고 재료의 특징을 느껴보세요. 그리기를 좋아하지만 색칠하기 힘들어하는 아이에게는 물감을, 관찰하고 섬세하게 표현하는 아이에게는 색연필을 사용하게 해보는 것처럼 아이의 성향에 맞는 재료를 찾아 그림 그리기에 흥미를 붙여주세요.

크레파스

대표적인 어린이용 그림도구로 알고 있지만 '오일파스텔'이라는 이름으로 많은 그림작가들에게도 사랑받는 재료입니다. 부드럽게 그려지고 여러 색을 문지르거나 섞어 칠할 수 있습니다. 선명하게 발색되어 완성된 그림이 생기 있어 보입니다.

Tip 여러 번 덧대어 칠하면 찌꺼기가 생기고 잘 묻어나므로 아이 옷이나 그림 보관에 신경써주세요.

색연필

수성 색연필: 그린 후 물을 묻히면 물감으로 그린 것처럼 번지는 색연필로 색연필, 수채화 두 가지 느낌으로 표현할 수 있습니다.
유성 색연필: 물에 번지지 않는 색연필로 발색이 선명하고 습기에 강하기 때문에 그림을 변함없이 보관하기도 용이합니다.

Tip 관찰한 것을 자세히 묘사하기 좋아하는 아이에게는 크레파스보다 색연필이 더 잘 맞을 수 있습니다.

물감

일반적으로 수채화 물감이 많이 사용되며 넓은 면을 채색하기에 좋고 농도와 번짐에 따라 다양한 표현이 가능합니다.

Tip 물 조절이 힘든 아이들은 붓질을 하다가 종이가 찢어질 수도 있으니 조심해야 해요. 물감을 즐겨 사용한다면 두께가 두꺼운 스케치북이나 수채화 전용지를 추천합니다.

피그먼트 펜

라인 드로잉에 주로 사용되며 물감과 크레파스를 칠해도 번지지 않아 그림이 깔끔하게 완성됩니다.

Tip 마찬가지로 물에 지워지지 않는 네임펜보다 가격이 비싼 편이나 네임펜보다 뚜렷하게 그려지며 원하는 펜의 굵기를 선택할 수 있습니다. 아이와 함께 사용한다면 0.5~0.8mm를 추천합니다.

엄마와 아이가 함께 쓰는 그리기 재료

야광물감

빛 에너지를 저장했다가 어두운 곳에서 내뿜는 물질을 넣어 만든 물감으로 밝은 곳에서 완성된 그림을 보는 것과 어두운 곳에서 보는 것이 다른 느낌이라 특별한 미술 놀이를 할 수 있습니다.

Tip 밤하늘이나 우주, 깊은 바닷속, 요정의 숲 등 신비로운 분위기를 나타낼 때 사용하면 좋아요.

패브릭 마카, 패브릭 물감

천에 그림을 그릴 수 있는 마카펜과 물감으로 잘 입지 않는 티셔츠나 에코백에 그림을 그리면 하나뿐인 특별한 옷과 가방으로 변신합니다.

Tip 그림을 그린 후 흐릿하다고 느껴지면 완전 건조 후 한번 더 덧칠해주세요. 그림의 선명도가 더 올라갑니다.

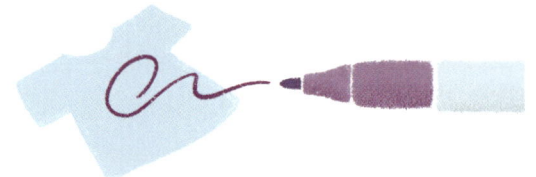

> **추천!**

저는 아이와 외출할 때 피그먼트 펜과 유성 색연필, 작은 스케치북을 가방에 챙겨 다닙니다. 아이가 지루해질 때쯤 가져온 그림 도구들을 꺼내어 주면 그림을 그리며 또 신나게 자기만의 시간을 갖습니다. 핸드폰 영상을 보여주는 것보다 마음이 편하더라고요. 피그먼트 펜과 유성 색연필을 사용하면 카페 등에서 그림을 그리다 물이나 음료를 떨어뜨려도 번질 걱정이 없습니다. 때론 엄마도 아이와 함께 빵이나 음료, 창밖 풍경 등을 그려보세요. 그리고 서로의 그림을 보며 이야기 나눠보세요. 집에 돌아와 스케치북을 열어보면 아이와 보낸 소소하고 여유로운 시간의 행복이 그대로 느껴진답니다.

유성 색연필
저는 프리즈마 색연필 36색을 사용하고 들고 다닐 땐 자주 쓰는 색만 필통에 넣어다녀요.

피그먼트 펜
주로 스테들러 피그먼트 라이너 두께 0.5를 사용해요.

스케치북
B5사이즈 스케치북 또는 다이소 무선 종합장을 사용해요.

필통
떨어뜨려도 연필심이 부러지지 않는 쿠션감 있는 필통이 들고 다니기 좋아요.

도형으로 그리기 연습하기

그리기의 기본이 되는
동그라미, 세모, 네모로 여러 가지를 그려볼까요.

동그라미로 그리기

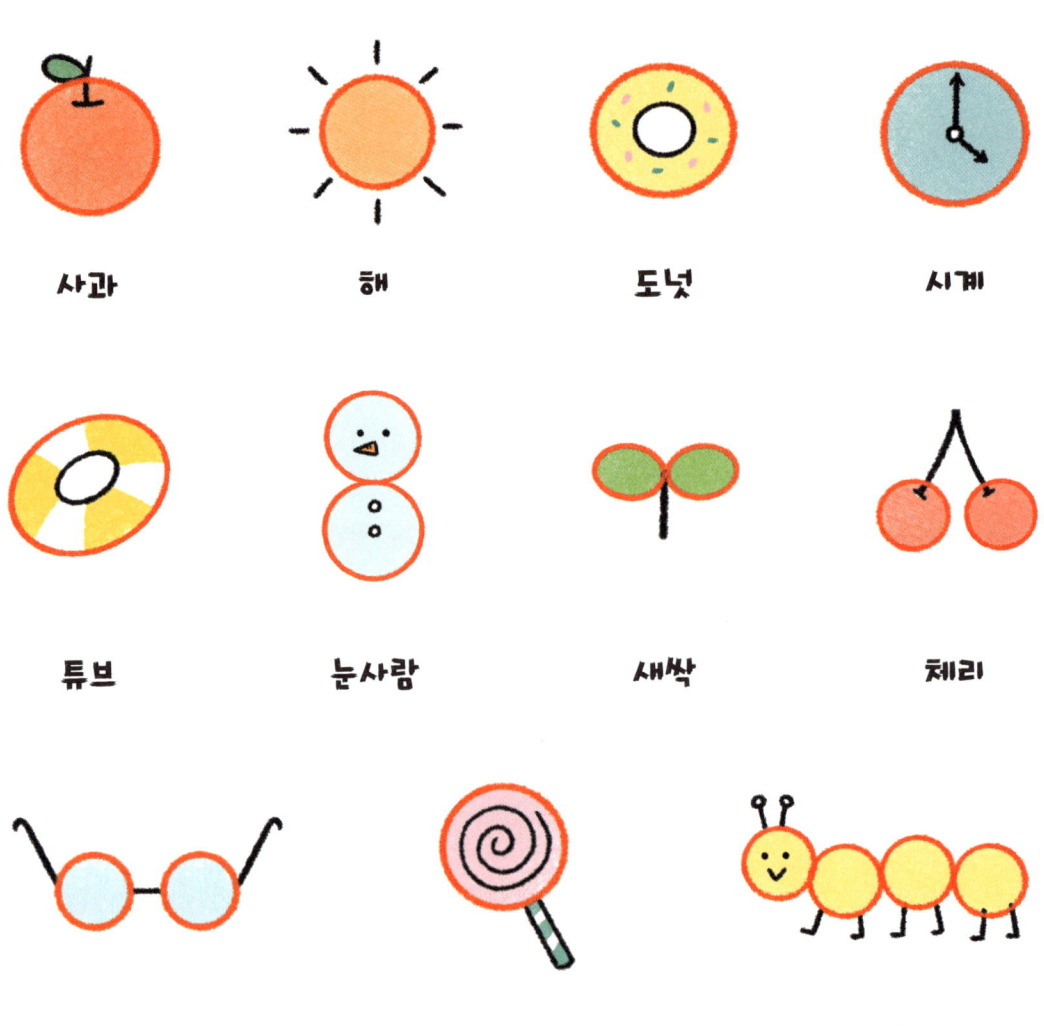

사과 해 도넛 시계

튜브 눈사람 새싹 체리

안경 사탕 애벌레

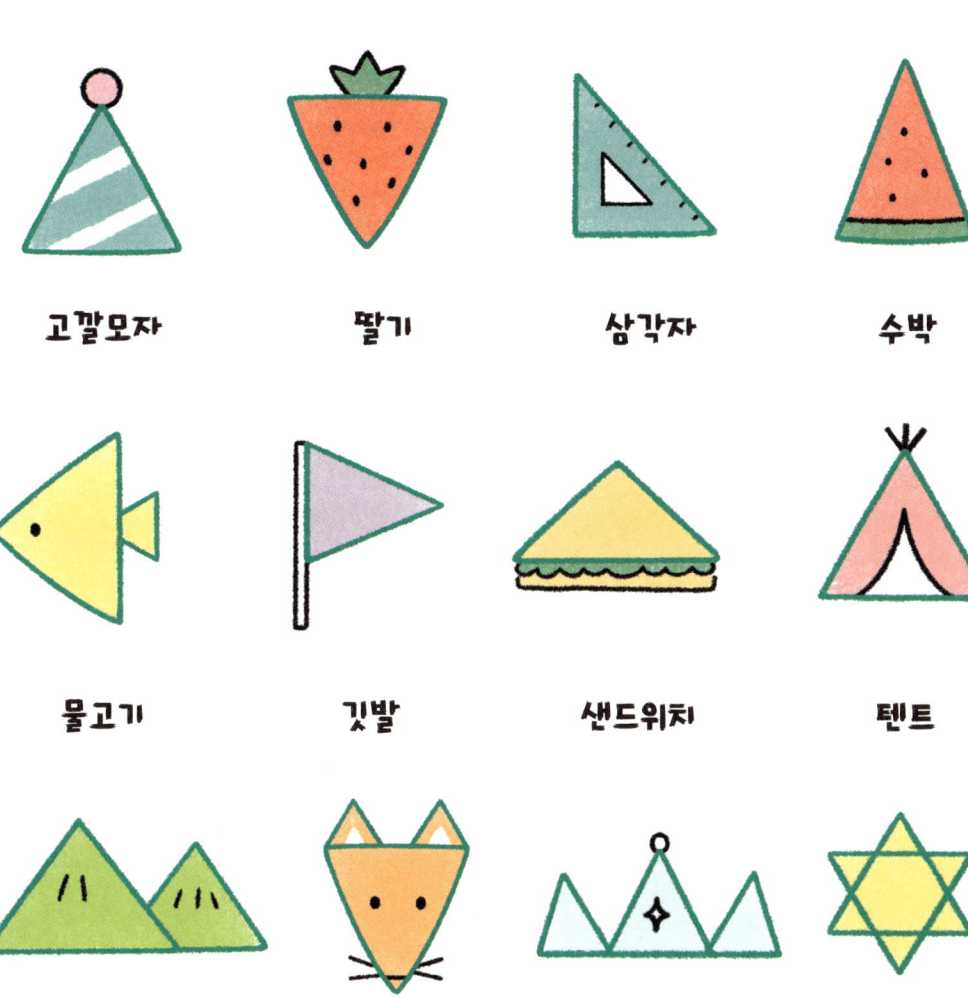

네모로 그리기

컵	선물	핸드폰	편지
스케치북	칫솔	가방	케이크
액자	컴퓨터	서랍장	아파트

도형 조합해서 그리기

이제 동그라미, 세모, 네모가 만나서 어떤 그림을 만들 수 있는지 알아보아요.
단순한 도형을 조합해서도 다양한 그림을 만들 수 있어요.

사람 그리기 (얼굴 표현하기)

얼굴

사람들이 모두 다르게 생긴 것처럼 얼굴형과 눈, 코, 입도 여러 가지 모양으로 그릴 수 있습니다.
처음에는 동그란 얼굴 그리기부터 시작해보세요.

눈, 코, 입의 여러 가지 표현들을 연습해보고
내가 그리기 쉽고 재미있는 모양으로 그려요.

헤어스타일

짧은 머리, 긴 머리, 곱슬머리, 뾰족한 머리, 빨간색 머리, 노란색 머리 등
그리고 싶은 사람의 헤어스타일을 잘 관찰하고 표현해보세요.

시선

눈, 코, 입의 위치에 따라서 바라보는 곳을 나타낼 수 있습니다.

표정

눈, 코, 입의 모양에 따라 표정이 달라집니다.
위 친구들은 어떤 감정을 느낀 표정일까요?
친구들의 표정을 살펴보고 말풍선 안에는 어떤 말이 들어갈지 생각해보세요.

사람 그리기 (몸동작 표현하기)

팔과 손

한쪽 팔을 들고 편 손가락을 그리면 안녕! 하고 인사하는 모습이 되고, 두 팔을 다 들고 있다면 만세~ 하고 외치고 있는 모습이 될 수도 있습니다. 원하는 모습을 표현할 수 있도록 여러 가지 손 모양을 따라 연습해보세요.

Tip 손금을 그리면 손등과 손바닥을 구분할 수 있어요.

다리와 발

발끝을 같은 방향으로 그리면 걷고 있는 모습이 됩니다.
다리를 넓게 벌리고 한쪽 다리를 굽혀주면 달리는 모습이 됩니다.
이처럼 다리와 발의 모양에 따라 몸으로 하는 여러 가지 활동을 표현할 수 있습니다.

CHAPTER 1 우리 가족을 소개해요

세상에는 다양한 구성원의 가족이 있지요.
우리 가족은 어떤 가족인가요?

세상에서 제일 멋진 나

여자아이

1
동그라미 얼굴과 귀를 그려요.

2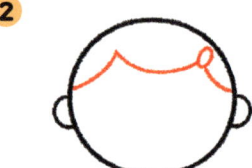
둥글게 앞머리를 그려요.

3
눈, 코, 입을 그려요.

4
양쪽으로 묶은 머리를 그려요.

5
네모난 몸을 그려요.

6
양팔과 손을 그려요.

7
다리와 신발을 그리면 완성!

내 머리 모양은 어떤가요? 어떤 옷을 입는 걸 좋아하나요? 자라면서 머리 모양도 바뀌고 좋아하는 것들도 조금씩 바뀐답니다. 지금 나의 모습을 관찰하고 좋아하는 옷을 입은 나를 그려보세요.

 남자아이

 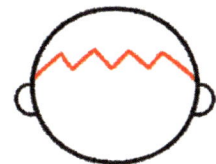

동그라미 얼굴과 귀를 그려요. 앞머리를 그려요. 눈, 코, 입을 그려요.

네모난 몸을 그려요. 양팔과 손을 그려요. 다리와 신발을 그리면 완성!

내가 좋아하는 것

내가 좋아하는 것, 소중하게 생각하는 것들을
그림으로 남겨보세요.

엄마와 책 읽는 시간

생일에 선물 받은 기차놀이

노래 부르며 춤추기

놀이동산에서 사먹는 솜사탕

내 친구 토끼 인형이랑 놀기

비눗방울 불기

그네 타면서 하늘 보기

비 오는 날 물 웅덩이에서 점프하기

예쁜 우리 엄마

1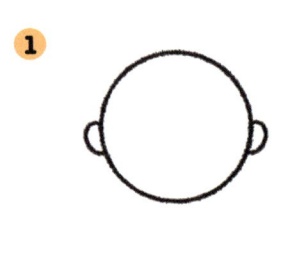
동그라미 얼굴과 귀를 그려요.

2
둥글게 앞머리를 그려요.

3
눈, 코, 입을 그려요.

4
단발 옆머리를 그려요.

5
목과 네모난 몸을 그려요.

6
치마를 그려요.

7
양팔과 손을 그려요.

8
다리와 신발을 그리면 완성!

우리 엄마는 어떤 머리 모양을 하고 있나요? 머리가 짧은지 긴지 어떤 색인지 관찰해보고 내가 좋아하는 엄마의 모습을 그려보세요.

엄마와 마트에 장을 보러 갔어요.
내가 좋아하는 돈가스와 소시지도 샀어요.

엄마의 여러 가지 모습

우리 엄마의 행동을 관찰해볼까요.

그때 엄마의 표정은 어떤가요?

그려보고 싶은 엄마의 모습과 자주 하는 말도 옆에 적어보세요.

출근하는 엄마   화가 난 엄마   사진 찍는 엄마

아빠의 여러 가지 모습

우리 아빠는 어떨 때 즐거워하는 것 같나요?
아빠의 행동과 표정을 관찰해보고
그려본 후 옆에 아빠가 자주하는 말도 적어보세요.

요리하는 아빠　　목말 태워주는 아빠　　TV 보는 아빠

귀여운 내 동생

1 동그라미 얼굴과 귀를 그려요.

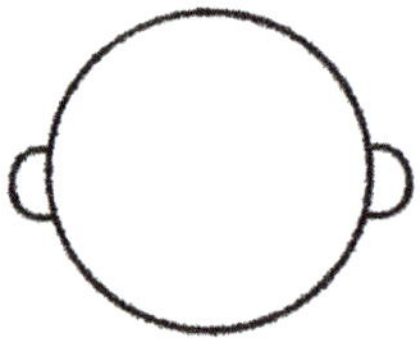

2 곱슬머리와 눈, 코, 입을 그려요.

📌 포동포동 아기는 목을 그리지 않아요.

3 몸을 그려요.

📌 얼굴보다 몸을 작게 그리면 귀여운 느낌이 들어요.

4 팔과 손을 그려요.

5 기저귀를 그려요.

6 다리와 발을 그리면 완성!

36

내 동생 방에서는
포근한 아가 냄새가 폴폴 나요.

CHAPTER 2 시골 할아버지 할머니 댁에 가요

할아버지 할머니 댁에 가면 동물 친구들도 있고
마당에서 마음껏 뛰어놀 수 있어서 좋아요. 평소와 다른 재미가 있답니다.

할머니가 주신 맛있는 음식을 잔뜩 먹었어요.

할아버지 할머니 댁에 가면 똘이가 꼬리를 흔들며 반겨줘요.

마당의 감나무에서 달달한 감도 땄지요.

따뜻한 할머니

1. 얼굴 모양과 귀를 그려요.
2. 꼬불꼬불 앞머리를 그려요.
3. 눈, 코, 입을 그려요.
4. 파마머리를 그려요.
5. 목을 그리고 네모난 몸을 그려요.
6. 뒷짐진 팔을 그려요.
7. 치마를 그리고 발을 그려요.
8. 색칠하면 완성!

우리 강아지 어서 오렴

평상에 앉아
할머니가 만들어준
고소 달달 미숫가루를 마셔요.

자상한 할아버지

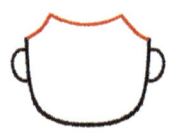
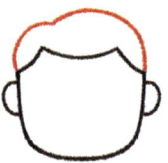

1. 얼굴 모양과 귀를 그려요.
2. 둥글둥글 앞머리를 그려요.
3. 윗머리를 그려요.
4. 눈, 코, 입을 그려요.

5. 목을 그리고 몸을 그려요.
6. 뒷짐진 팔을 그려요.
7. 다리와 신발을 그려요.
8. 색칠하면 완성!

할아버지랑 산책 갈까?

할아버지 할머니 텃밭에는
여러 가지 채소가 자라고 있어요.

장난꾸러기 강아지

강아지

 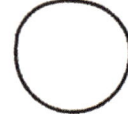 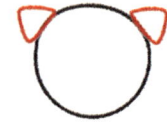 

동그라미를 그려요.   아래로 세모 귀를 그려요.   눈, 코, 입과 수염을 그려요.

강아지는 반갑거나 기분이 좋을 때 꼬리를 살랑살랑 흔들어요.

몸통을 그려요.   앞다리와 뒷다리를 그려요.   꼬리와 발톱을 그려요.   색칠하면 완성!

복슬복슬 강아지

꼬불꼬불 머리와 귀를 그려요.

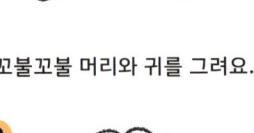 

얼굴을 그려요.   다리를 그려요.   몸과 꼬리를 그려요.   색칠하면 완성!

닭과 병아리

닭

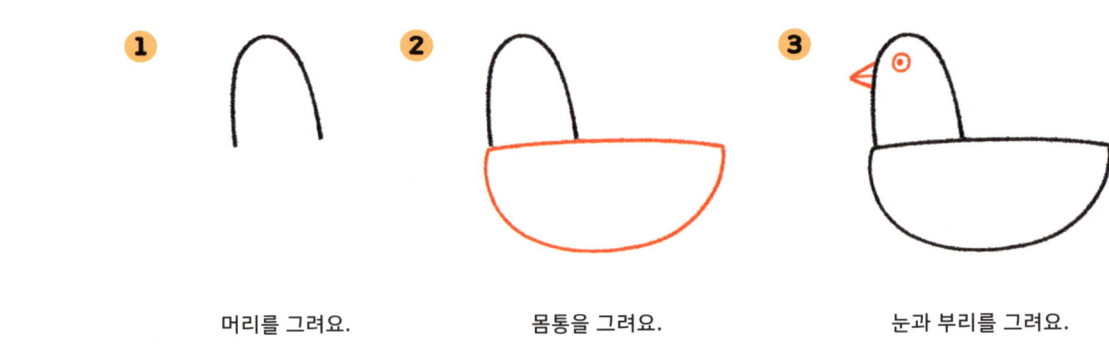

① 머리를 그려요. 　② 몸통을 그려요. 　③ 눈과 부리를 그려요.

④ 양쪽 날개를 그려요. 　⑤ 닭벼슬과 다리를 그려요. 　⑥ 색칠하면 완성

병아리

① 머리를 그려요. 　② 몸통을 그려요. 　③ 눈, 부리, 날개, 다리를 그려요. 　④ 색칠하면 완성!

사랑스런 고양이

고양이

 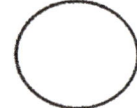   

동그라미를 그려요. / 세모난 귀를 그려요. / 눈, 코, 입과 수염을 그려요. / 몸통을 그려요.

다리를 그려요. / 꼬리를 그려요. / 색칠하면 완성!

고양이는 기분이 좋을 때 꼬리를 일자로 쭈욱 세워요.

앉아 있는 고양이

고양이 얼굴을 그려요. / 앞다리를 그려요. / 다리 뒤로 몸과 꼬리를 그려요. / 색칠하면 완성!

고양이들이
따뜻한 햇볕 아래서
놀고 있어요.

고양이는
햇볕을 좋아해!

CHAPTER 3 유치원에 가는 날

아침에 일어나는 건 너무 힘들어요.

혼자서 척척 준비할 수 있어요.

엄마와 손잡고 유치원 버스를 타러 가요.

짝꿍에게 집에서 써온 편지를 줬어요.
토요일에 우리 집에 초대할 거예요.

여자친구

1. 동그라미 얼굴과 귀를 그려요.
2. 둥글게 앞머리를 그려요.
3. 눈, 코, 입을 그려요.
4. 단발 옆머리와 리본을 그려요.

5. 네모난 몸을 그려요.
6. 양팔과 손을 그려요.
7. 다리와 신발을 그리면 완성!

같이 놀이터 갈래?

단짝 친구들이랑
놀이터에서 뛰어노는 시간이 정말 신나요!

남자친구

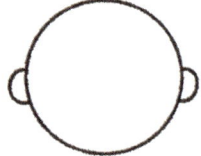

동그라미 얼굴과 귀를 그려요.

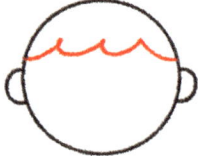

앞머리를 그려요.

눈, 코, 입을 그려요.

몸을 그려요.

팔과 손을 그려요.

다리와 신발을 그리면 완성!

모두 모여 축구하러 가자!

친구와 함께 쌩쌩 달리면
더욱 신이 나지요.

야호! 신난다~

유치원의 특별한 날

유치원에 한복을 입고 가는 날이에요.
한복 입은 모습이 참 고와요.

요리 수업이 재미있어요.
빨리 먹고 싶어서 기다리기 힘들었지만요.

두근두근 오늘은
유치원 생일파티가 있는 날이에요.

열심히 연습한 노래를
친구들과 가족들 앞에서 부르는 날이에요.

CHAPTER 4 나는 자라서 무엇이 될까요

나는 좋아하는 것이 많아서
되고 싶은 것도 너무 많아요.

나의 미래 모습을 상상해볼까요.

경찰관과 경찰차

 경찰관

① 얼굴 모양을 그려요.

② 모자를 그려요.

③ 옆머리와 눈, 코, 입을 그려요.

④ 목을 그린 다음 네모난 몸을 그려요.

⑤ 팔과 손을 그려요.

⑥ 다리와 신발을 그려요.

⑦ 경찰 마크와 넥타이, 벨트를 그리면 완성!

도둑들 꼼짝 마라!

경찰 마크를 자세히 알아볼까요?

위에는 용맹한 참수리의 모습과 저울이, 아래에는 우리나라를 대표하는 무궁화 꽃잎과 태극 모양으로 만들어졌어요.

경찰차

1. 긴 네모를 그려요.
2. 긴 네모 위에 사다리꼴을 그려요.
3. 창문을 그리고 세로 선을 그려요.
4. 바퀴를 그려요.
5. 사이렌을 그리고 앞뒤에 라이트를 그려요.
6. 가로선을 쭈욱 그어주면 완성!

소방관과 소방차

소방관

1.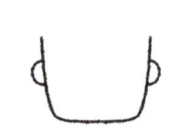
얼굴 모양과 귀를 그려요.

2.
모자를 그려요.

3.
눈, 코, 입을 그려요.

4.
목을 그린 다음 네모난 몸을 그려요.

5.
모자 보호대를 그리고 팔과 손을 그려요.

6.
다리와 신발을 그려요.

7.
옷에 안전띠를 그리면 완성!

불이 나면 119로 전화주세요!

소방관 옷에 있는 노란색 띠는 어두울 때 빛이 반사되어 밝게 보이기 때문에 사람을 구해야 하는 위험한 현장에서 눈에 잘 띄어요.

소방차

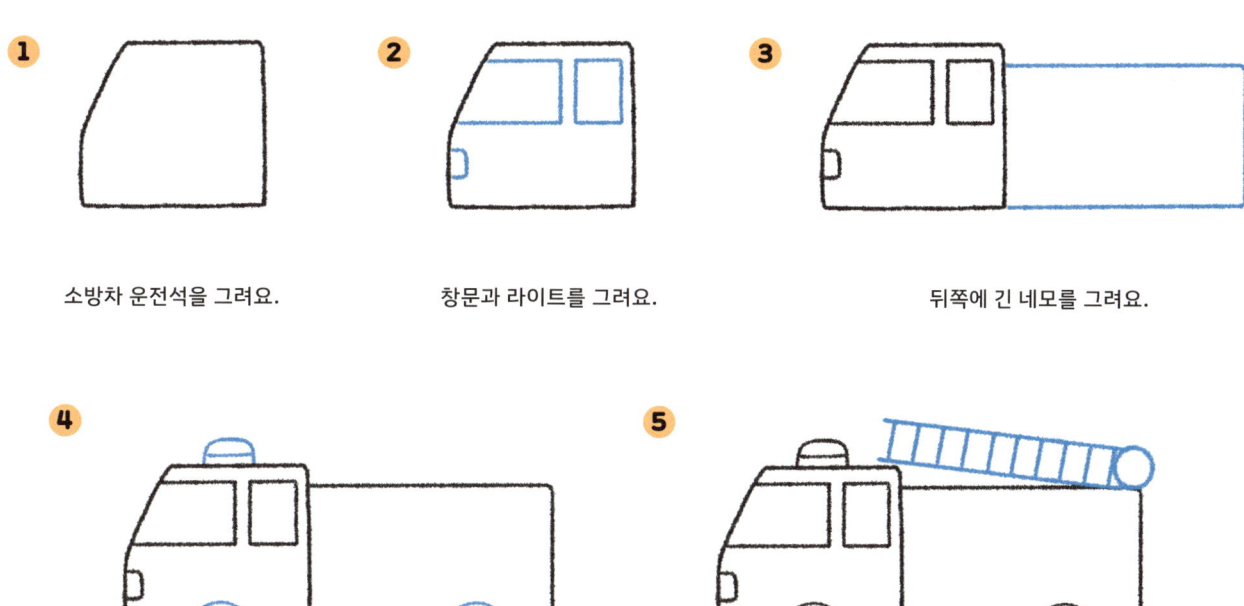

1. 소방차 운전석을 그려요.
2. 창문과 라이트를 그려요.
3. 뒤쪽에 긴 네모를 그려요.
4. 사이렌과 앞뒤에 바퀴를 그려요.
5. 사다리를 그리면 완성!

의사와 구급차

의사

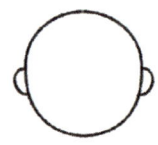
1 얼굴 모양과 귀를 그려요.

2 앞머리와 눈, 코, 입을 그려요.

3 안경을 그려요.

긴 머리를 그릴 때는 몸을 다 그린 후 마지막에 그려요.

4 목을 그리고 사다리꼴로 몸을 그려요.

5 팔과 손을 그려요.

6 다리와 신발을 그려요.

7 긴 머리와 옷깃, 병원 마크를 그리면 완성!

어디가 아프신가요?

64

구급차

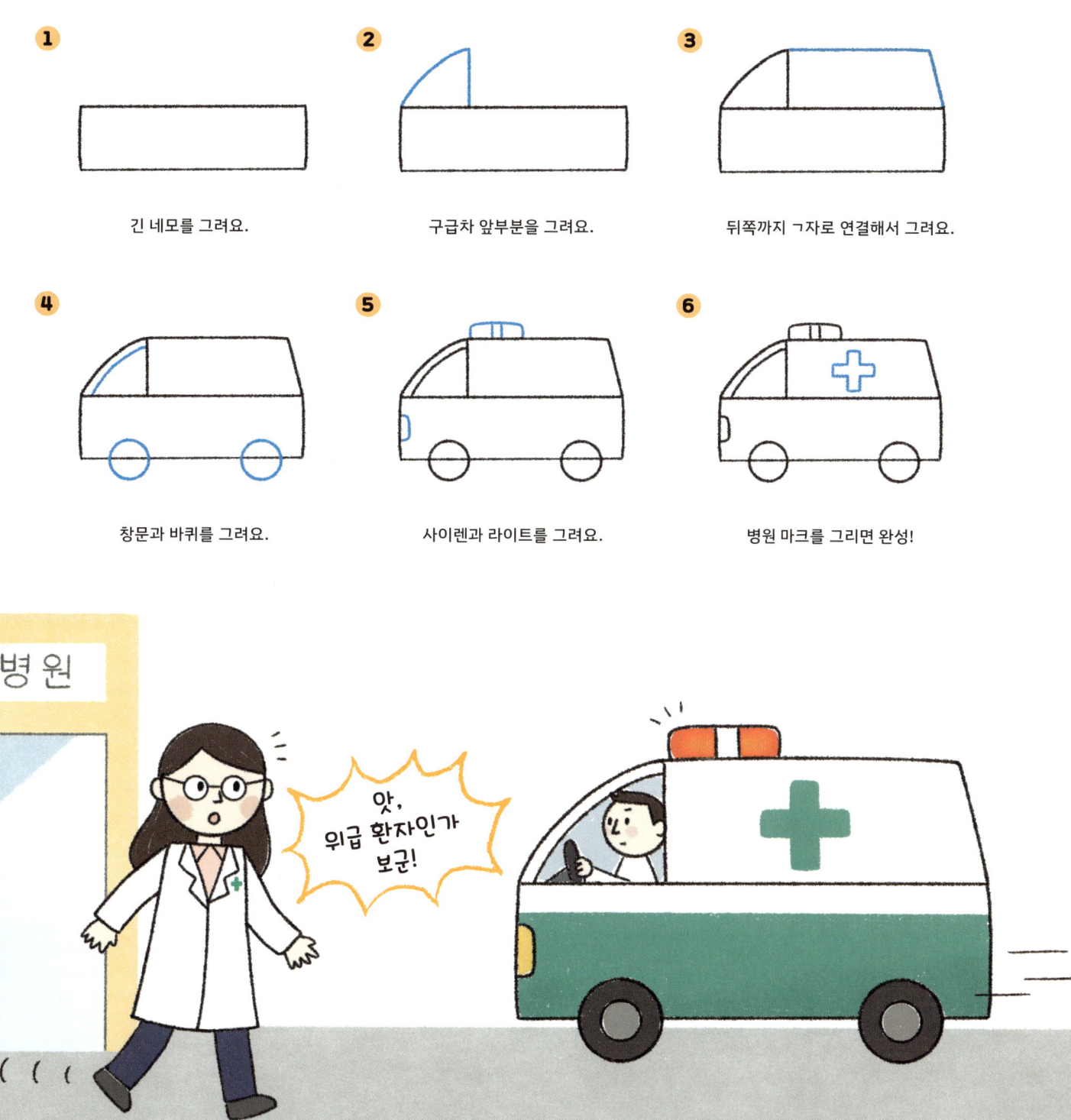

1. 긴 네모를 그려요.
2. 구급차 앞부분을 그려요.
3. 뒤쪽까지 ㄱ자로 연결해서 그려요.
4. 창문과 바퀴를 그려요.
5. 사이렌과 라이트를 그려요.
6. 병원 마크를 그리면 완성!

앗, 위급 환자인가 보군!

파일럿과 비행기

파일럿

헤드셋을 그리기 위해 귀는 그리지 않아요.

 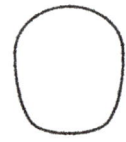   

얼굴 모양을 그려요.

앞머리와 눈, 코, 입을 그려요.

얼굴 양옆에 헤드셋을 그려요.

머리 위에 헤드셋 머리띠와 마이크를 그려요.

목을 그리고 네모난 몸을 그려요.

팔과 손을 그려요.

다리와 신발, 넥타이를 그리면 완성!

하늘을 비행하는 동안 승객들의 안전을 책임지지!

항공 헤드셋은 관제소와 통신을 하기 위해 조종사에게 꼭 필요하답니다.

비행기

1. 반 동그라미를 그려요.
2. 뒤로 점점 좁아지도록 길게 비행기 몸통을 그려요.
3. 가로선을 그려요.

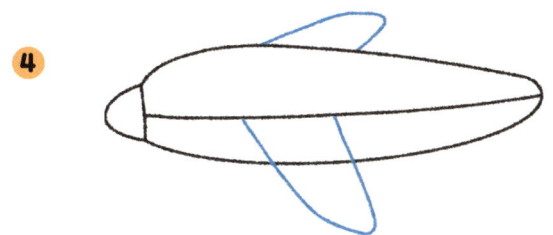
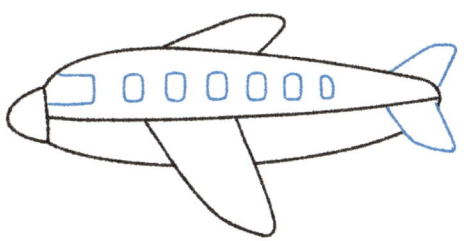

4. 앞에서 보이는 날개는 크게, 뒤에 보이는 날개는 작게 그려요.
5. 창문과 꼬리 날개를 그리면 완성!

중장비 조종사와 포크레인

중장비 조종사

1
얼굴 모양과 귀를 그려요.

2
안전모와 안전마크를 그려요.

3
눈, 코, 입을 그려요.

 공사장에서 안전모는 꼭 써야 해요!

4
목을 그린 다음 네모난 몸을 그려요.

5
팔과 손, 조끼 모양을 그려요

6
다리와 신발을 그려요.

7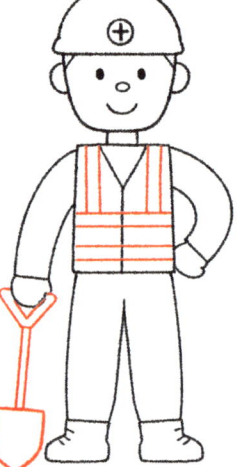
안전 조끼에 안전띠를 그리고 삽까지 그리면 완성!

힘이 센 포크레인으로 무거운 것도 옮기고 땅도 팔 수 있어!

포크레인

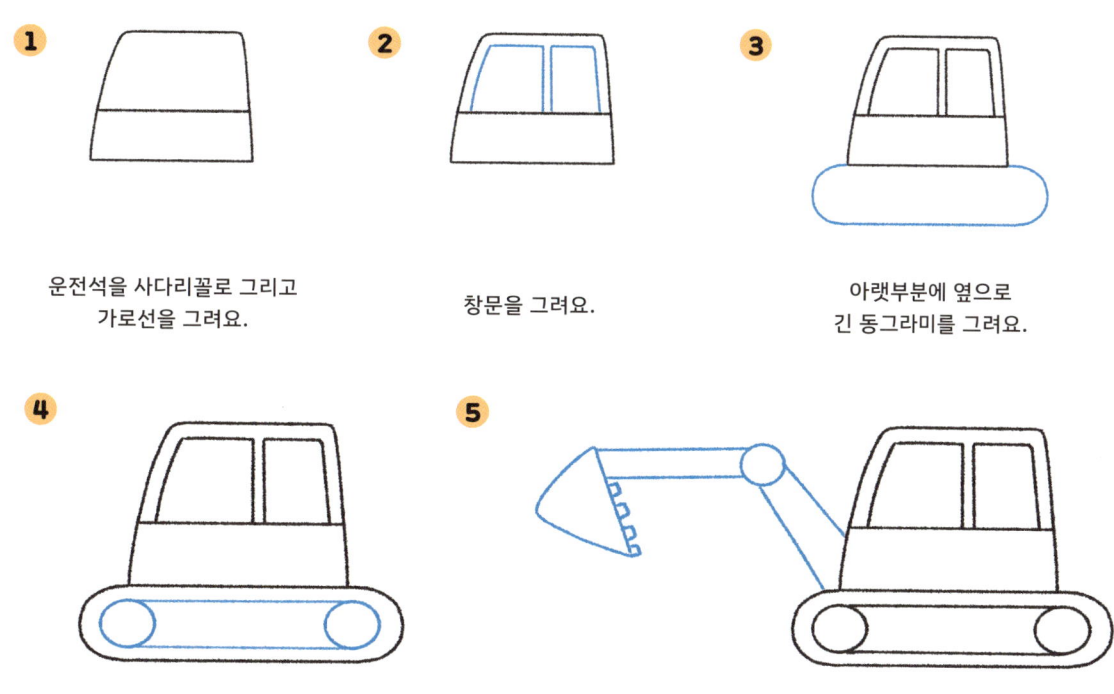

1. 운전석을 사다리꼴로 그리고 가로선을 그려요.
2. 창문을 그려요.
3. 아랫부분에 옆으로 긴 동그라미를 그려요.
4. 바퀴 두 개를 그리고 선으로 연결해요.
5. 앞쪽에 버켓과 실린더를 그리면 완성!

농부와 트랙터

 농부

1

얼굴 모양과 귀를 그려요.

2
밀짚모자를 그려요.

3

앞머리와 눈, 코, 입을 그려요.

4

목과 네모난 몸을 그려요.

5

팔과 손을 그려요.

6

다리와 장화를 그려요.

7

농기구와 조끼 모양을 그리면 완성!

트랙터가 있으면 편리하게 농사 지을 수 있단다.

트랙터

1 한쪽이 살짝 내려가 있는 긴 네모를 그려요.

2 위쪽에 사다리꼴을 붙여서 그려요.

3 가로선과 세로선으로 창문을 그려요.

4 앞바퀴는 작게 뒷바퀴는 크게 그려요.

5 바퀴 안에 작은 동그라미를 그려 넣고, 배기관까지 그리면 완성!

우주비행사와 우주선

우주비행사

 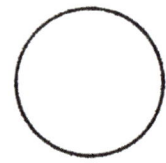
동그라미를 그려요.

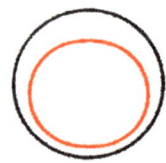
안에 작은 동그라미를 그려요.

눈, 코, 입, 헬멧 장치를 그려요.

목과 네모난 몸을 그려요.

팔과 손을 그려요.

다리와 신발을 그려요.

산소통과 연결장치를 그리면 완성!

우주복은 위험에서 보호해줄 뿐 아니라 안에서 식사도 가능하고 우주선과 통신을 주고받을 수도 있어요.

우주선

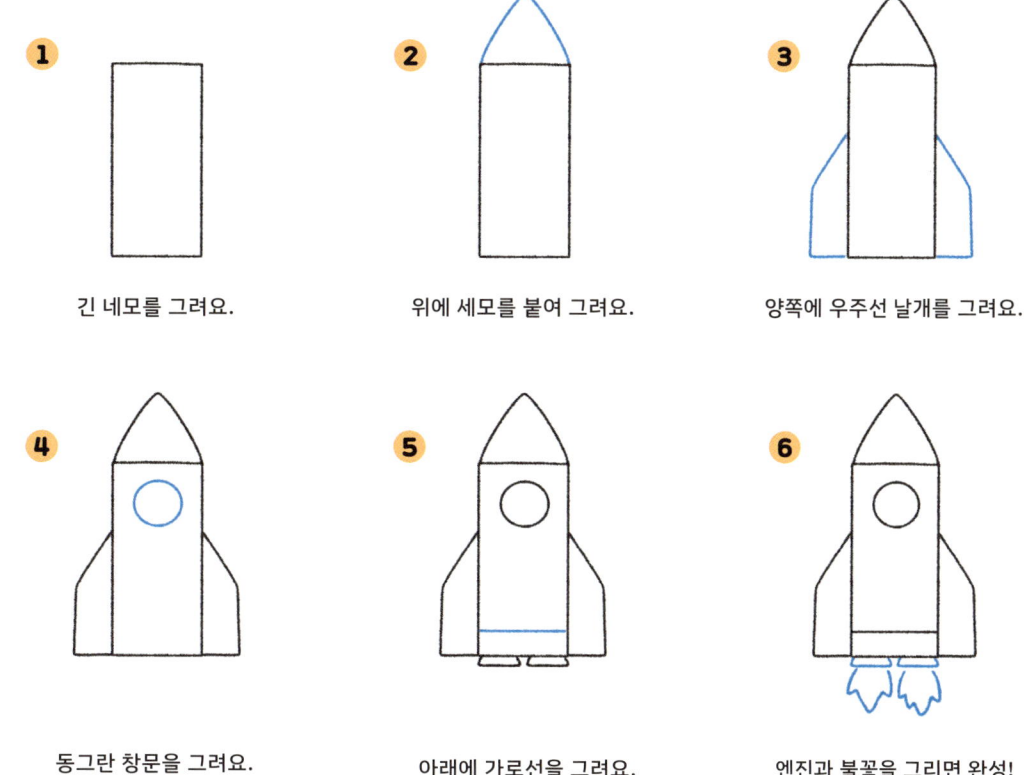

1. 긴 네모를 그려요.
2. 위에 세모를 붙여 그려요.
3. 양쪽에 우주선 날개를 그려요.
4. 동그란 창문을 그려요.
5. 아래에 가로선을 그려요.
6. 엔진과 불꽃을 그리면 완성!

우주는 정말 아름다워!

잠수부와 잠수함

 잠수부

1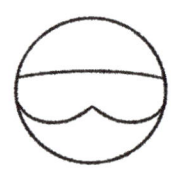
동그라미와 물안경을 그려요.

2
눈을 그리고 입 위치에 작은 동그라미를 그려요.

3
볼 옆에 살짝 보이는 잠수복을 그려요.

4
목과 네모난 몸을 그려요.

5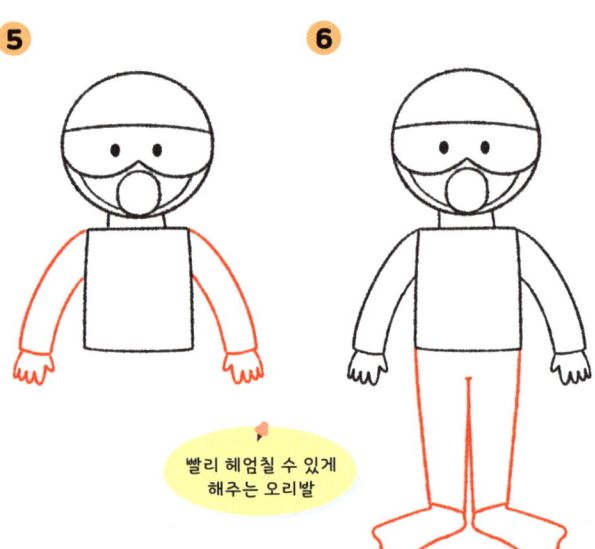
팔과 손을 그려요.

빨리 헤엄칠 수 있게 해주는 오리발

6
다리와 오리발을 그려요.

7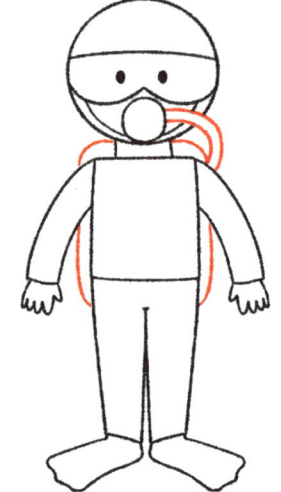
산소통과 연결 호스를 그려요.

8
색칠하면 잠수부 완성!

 잠수부는 물 속에서도 숨쉬며 헤엄칠 수 있도록 공기통을 메고 들어갑니다.

잠수함

1. 넓고 긴 동그라미를 그려요.
2. 프로펠러를 그려요.
3. 위에 사다리꼴 모양을 그려요.
4. 앞부분에 큰 창문과 동그란 창문을 3개 그려요.
5. 잠수함 망원경을 그리면 완성!

그밖의 여러 가지 직업들

아이돌

선생님

악기 연주자

승무원

수의사

유튜버

택배기사

축구선수

CHAPTER 5

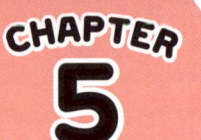

동물 친구들을 만나러 가요

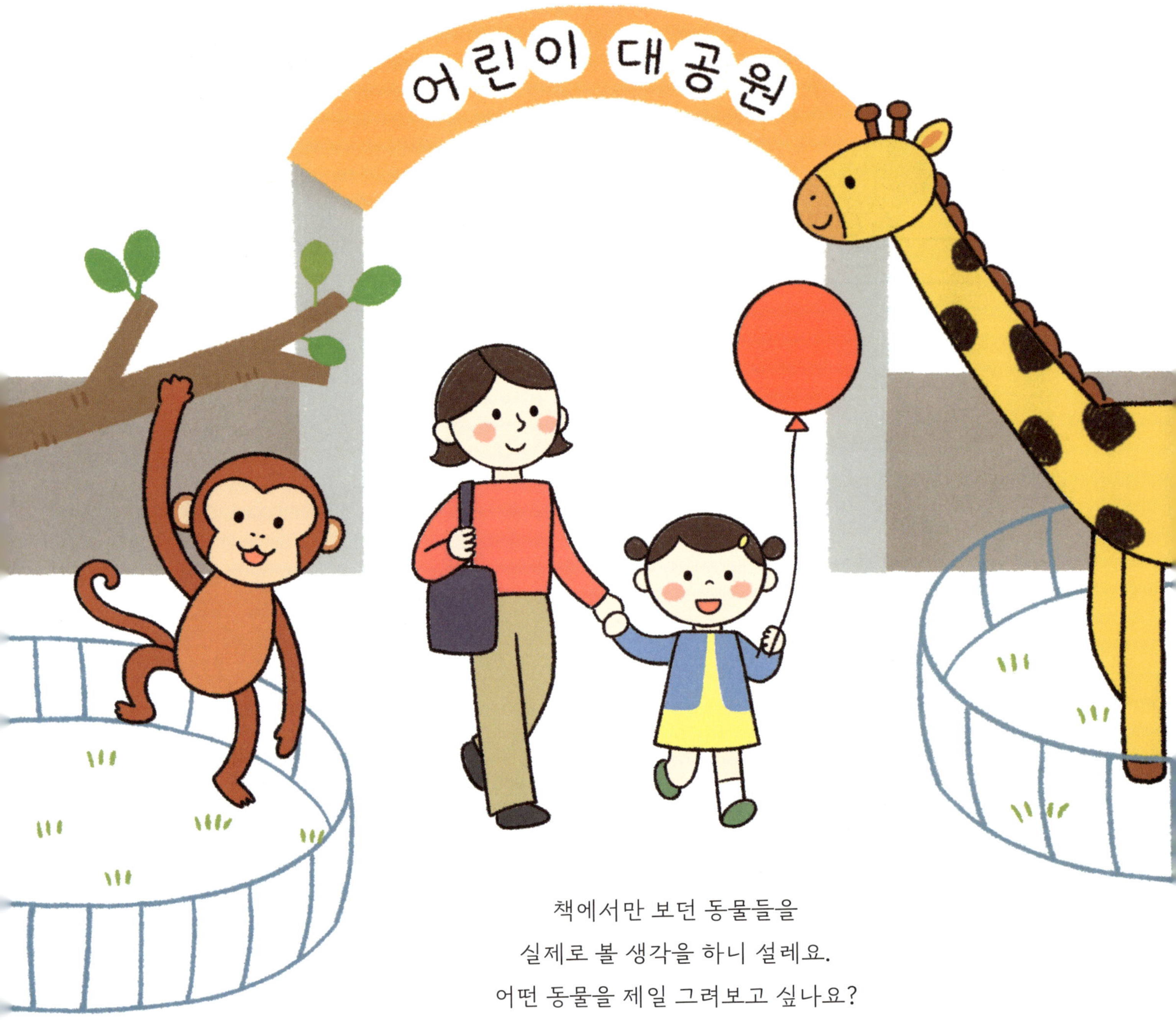

책에서만 보던 동물들을

실제로 볼 생각을 하니 설레요.

어떤 동물을 제일 그려보고 싶나요?

깡충깡충 토끼

앉아 있는 토끼

 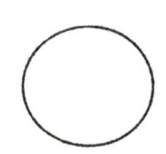  

동그라미를 그려요. 쫑긋 귀를 그려요. 눈, 코, 입을 그려요.

한 번에 앞다리를 그려요. 엉덩이를 그려요. 뒷다리와 꼬리를 그려요. 색칠하면 완성!

뛰는 토끼

토끼 얼굴과 귀를 그려요. 긴 동그라미로 몸을 그려요. 다리와 꼬리를 그려요. 색칠하면 완성!

다람쥐와 날다람쥐

다람쥐

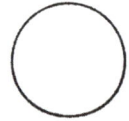
동그라미를 그려요.

쫑긋 귀를 그려요.

눈, 코, 입을 그리고 머리에 줄무늬를 그려요.

두 팔을 그려요.

팔 밑으로 몸을 그려요.

다리와 꼬리를 그리고 꼬리에 줄무늬를 그려요.

예쁘게 색칠하면 완성!

볼주머니에 먹이를 저장하면 볼이 빵빵해져요.

날다람쥐

날다람쥐 얼굴을 그려요.

양쪽으로 쭈욱 선을 긋고 작게 앞발을 그려요.

뒷발까지 연결해서 몸을 그리고 꼬리까지 그려요.

색칠하면 완성!

다람쥐가 식사시간에
친구 날다람쥐를 초대했어요.
오늘의 메뉴는
도토리와 열매, 씨앗이에요.

어서 와,
날다람쥐야

엄마곰과 아기곰

엄마곰

동그라미를 그려요.

동그랗게 귀를 그려요.

눈, 코, 입을 그려요.

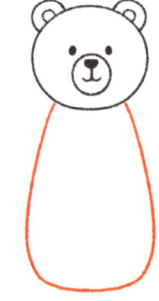
크고 긴 몸을 그려요.

팔을 그려요.

다리를 그려요.

색칠하면 완성!

아기곰

곰 얼굴을 그려요.

한 번에 앞다리부터 배까지 그려요.

뒷다리와 등까지 주욱 그리고 꼬리를 그려요.

색칠하면 완성!

우리는 얼음 나라에
사는 북극곰이야

우리는 숲속 나라에
사는 갈색곰이야

호랑이

 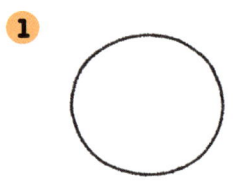  

동그라미를 그려요. 동그랗게 귀를 그려요. 화가 난 얼굴을 그려요.

몸을 그려요. 다리와 꼬리를 그려요.

호랑이 줄무늬를 그려요. 색칠하면 완성!

화가 난 호랑이의
울음소리가 산속에
울려퍼지자 작은 동물들이
깜짝 놀라서 숨어 있어요.

사자

 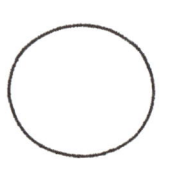    

1. 동그라미를 그려요.
2. 동글동글한 귀를 그려요.
3. 눈, 코, 입을 그려요.
4. 삐죽삐죽 갈기를 그려요.

5. 몸을 그려요.
6. 다리와 꼬리를 그리면 완성!

갈기가 있으면 수사자   **갈기가 없으면 암사자**

드넓은 초원을 누비는 동물의 왕,
아빠 사자의 황금빛 갈기가 멋져요.

기린

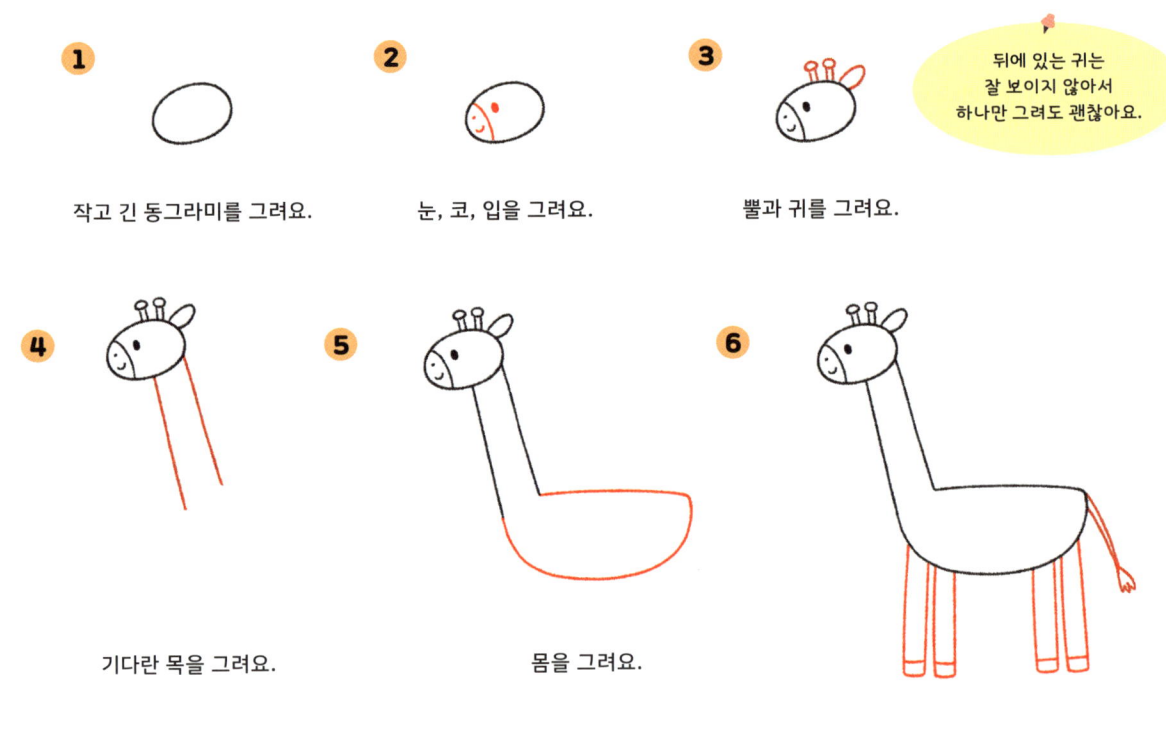

1. 작고 긴 동그라미를 그려요.
2. 눈, 코, 입을 그려요.
3. 뿔과 귀를 그려요.

뒤에 있는 귀는 잘 보이지 않아서 하나만 그려도 괜찮아요.

4. 기다란 목을 그려요.
5. 몸을 그려요.
6. 긴 다리와 꼬리를 그려요.

7. 얼룩 무늬를 그려요.
8. 색칠하면 완성!

코끼리

코끼리

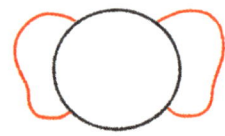

동그라미를 그려요.   크게 귀를 그려요.   눈과 코를 그려요.

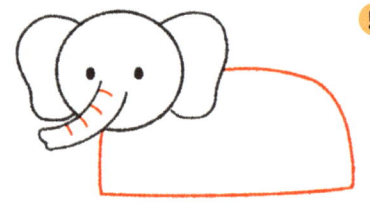

코주름과 몸을 크게 그려요.   다리와 꼬리를 그려요.   색칠하면 완성!

코끼리 옆모습

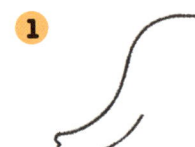

한 번에 쭈욱 이마부터 코까지 그려요.   몸과 다리, 꼬리를 그려요.   색칠하면 완성!

얼굴과 귀를 그려요.

아기 코끼리가
엄마 코끼리에게 꽃을 선물해요.

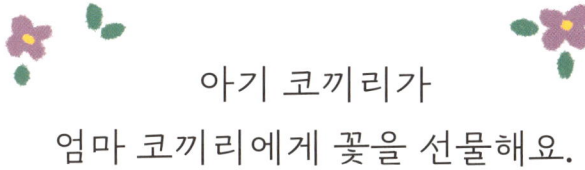

여우

여우

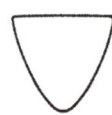

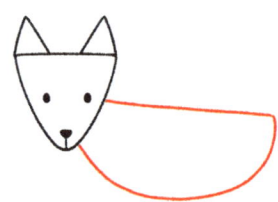

1. 아래로 뾰족 세모를 그려요.
2. 위로 뾰족 세모 귀를 그려요.
3. 눈, 코, 입을 그려요.
4. 몸을 그려요.

5. 다리를 그려요.
6. 꼬리를 그려요.
7. 색칠하면 완성!

앉아 있는 여우

1. 여우 얼굴과 앞다리를 그려요.
2. 앞다리 뒤로 몸을 그려요.
3. 꼬리를 그려요.
4. 색칠하면 완성!

거북이

반 동그라미를 그려요.

앞에 머리를 그리고 눈과 입을 그려요.

다리를 그려요.

지그재그로 무늬를 그려요.

위에 작은 지그재그 무늬를 그려요.

모서리를 세로선으로 이어주고 발톱을 그리면 완성!

육지에 사는 육지거북이와 바다에 사는
바다거북이는 다리 모양이 달라요.

바다거북이의 다리는 헤엄치기 편하게
지느러미 모양으로 되어 있어요.

토끼와 거북이가
달리기 경주를 하고 있어요.

원숭이

춤추는 원숭이

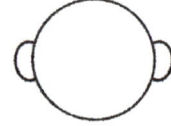
동그라미를 그려요.

귀를 그려요.

눈, 코, 입을 그려요.

팔과 손을 그려요.

다리와 꼬리를 그려요.

색칠하면 완성!

서 있는 원숭이

원숭이 얼굴을 그려요.

옆으로 긴 동그라미로 몸을 그려요.

다리와 꼬리를 그려요.

색칠하면 완성!

장난꾸러기 원숭이들이
나무 위에서 놀고 있어요.

말과 양

말

1
긴 동그라미를 그려요.

2
귀와 목을 그려요.

3
눈, 코, 입을 그리고 둥글게 몸을 그려요.

4
다리를 그려요.

5
갈기와 꼬리를 그려요.

6
색칠하면 완성!

양

1
뽀글뽀글 앞머리를 그려요.

2
귀를 그려요.

3
얼굴 모양과 눈, 코, 입을 그려요

4
뽀글뽀글한 몸과 다리를 그려요.

5
색칠하면 완성!

햇살 따뜻한 오후 들판에서
양들은 풀을 뜯고
말은 신나게 달리고 있어요.

음메에에에~~

CHAPTER 6 숲속으로 소풍 가요

맛있는 도시락도 먹고
꽃구경도 하고 곤충도 관찰하는
숲속 소풍은 즐거워요!

장미와 툴립

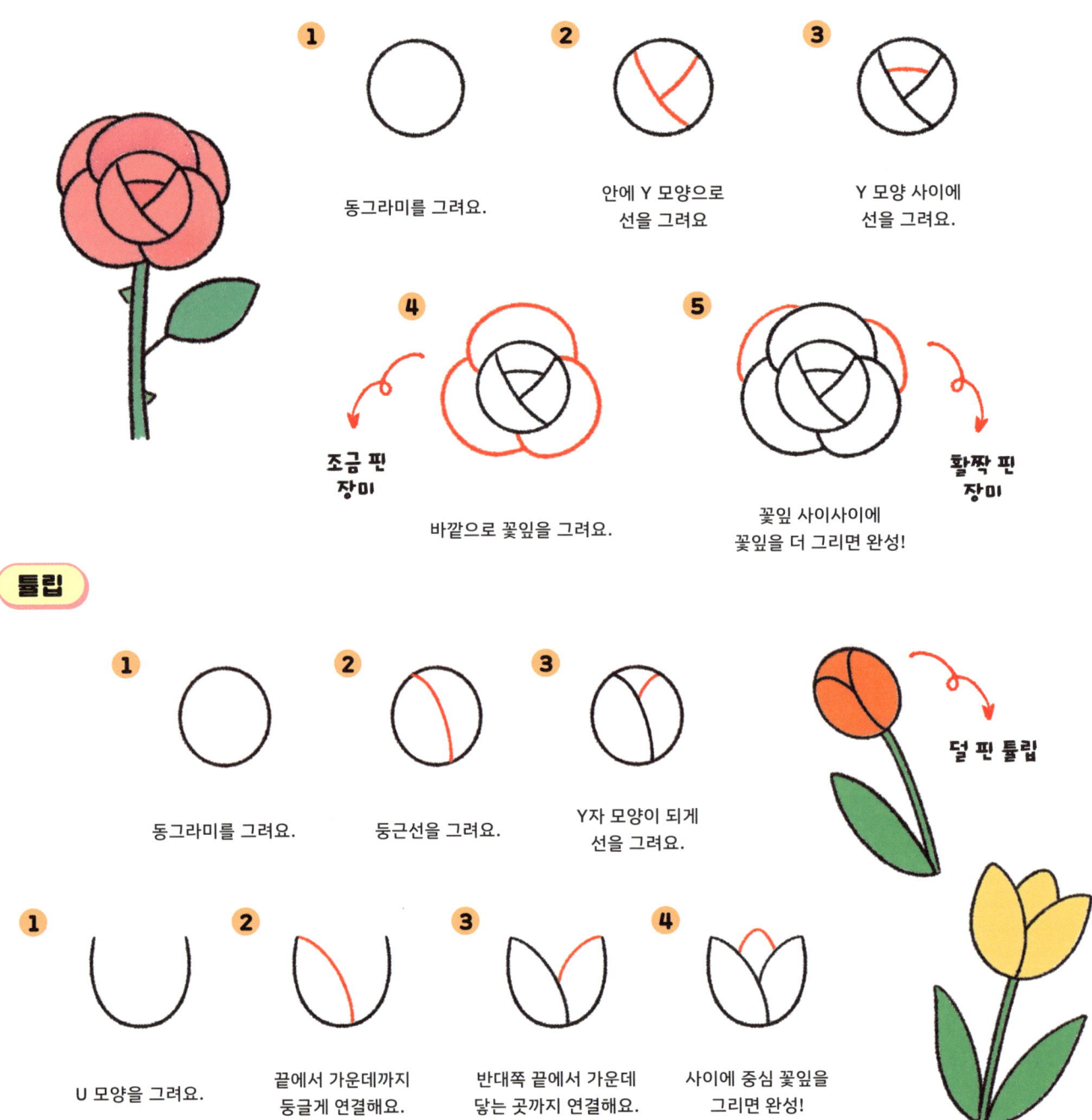

빨간 모자가 되어
꽃밭에서 꽃을 따볼까요.

할머니가
좋아하시겠지?

해바라기와 코스모스

해바라기

1. 동그라미를 그려요.
2. 꽃잎을 하나씩 그려요.

3. 동그라미를 따라 꽃잎을 모두 그려요.
4. 사이사이에 꽃잎을 더 그려요.
5. 동그라미 안에 격자로 선을 그리면 완성!

코스모스

1. 작은 동그라미를 그려요.
2. 끝이 표족한 꽃잎을 그려요.
3. 꽃잎 네 개를 먼저 그려요.
4. 사이에 나머지 꽃잎을 그리면 완성!

창밖에 해바라기와 코스모스가 펴 있네요.
어떤 계절일까요?

나비와 벌

 나비

1  동그라미를 그려요.

2  눈, 입을 그려요.

3  기다란 몸을 그려요.

4  날개를 그려요.

5 더듬이를 그려요.

6  색칠하고 예쁜 무늬를 그리면 완성!

꽃에 앉은 나비

1  나비 얼굴과 몸을 그려요.

2  날개를 그려요.

3  뒤에 보이는 날개와 더듬이를 그려요.

4  색칠하면 완성!

벌

1  동그라미 두 개를 붙여 그려요.

2  눈, 입, 날개를 그려요.

3  더듬이와 무늬를 그려요.

4  색칠하면 완성!

포근한 봄날
꽃밭에서 나비들이
나풀나풀 날아다니며
멋진 날개를 뽐내고 있어요.

음… 달콤해

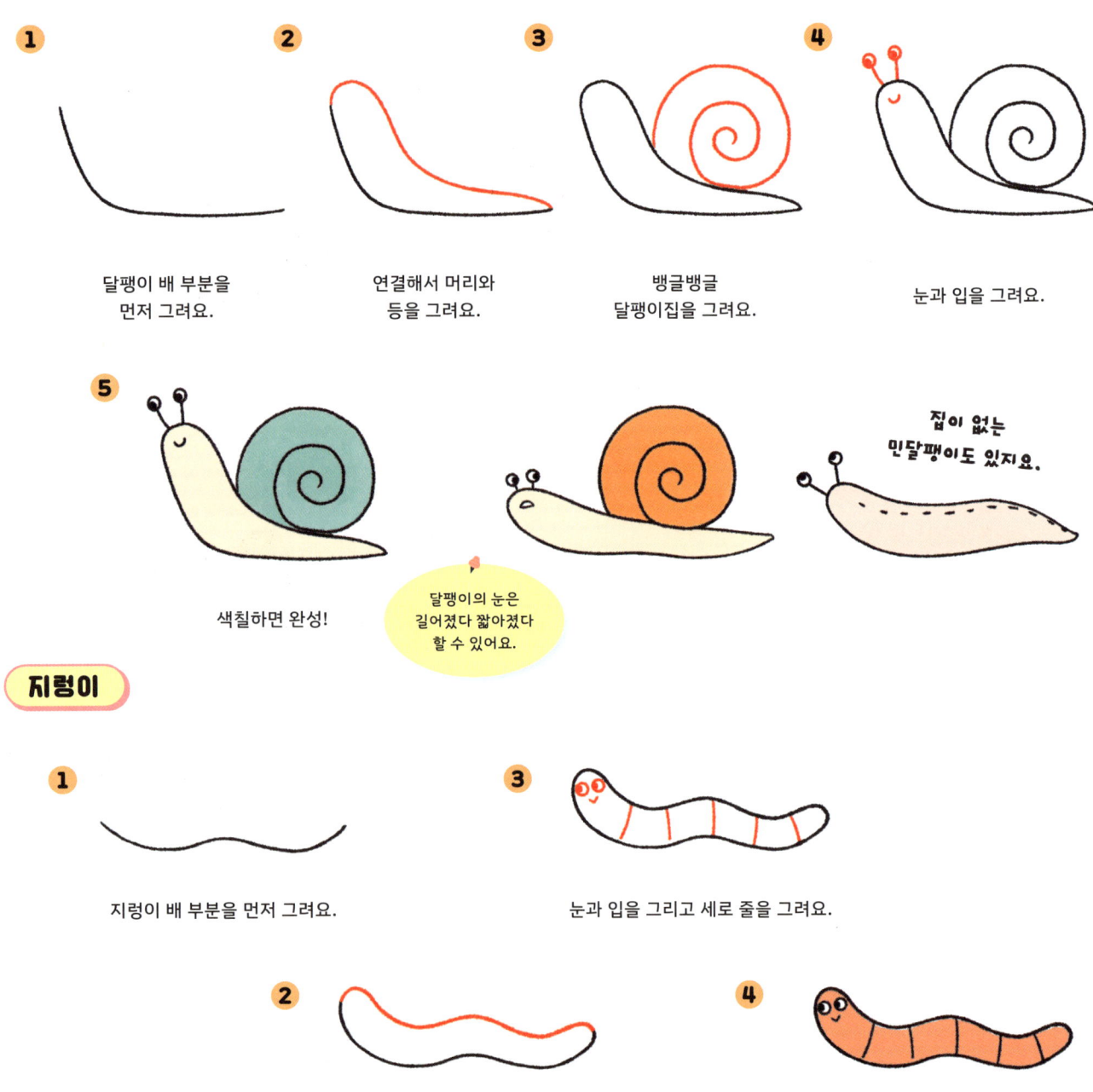

개미와 무당벌레

개미

동그라미를 그려요. / 조금 작은 동그라미를 붙여 그려요. / 동그라미를 하나 더 붙여 그려요. / 눈, 입, 더듬이를 그려요.

다리를 그려요. / 색칠하면 완성!

> 개미 다리는 6개에요. 그림을 그릴 때 힘들면 모두 그리지 않아도 괜찮아요.

무당벌레

 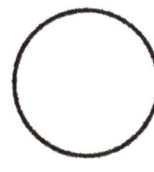 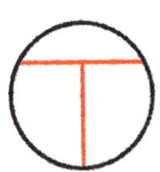  

동그라미를 그려요. / 가로선을 긋고 가운데서 세로선을 그려요. / 더듬이와 눈을 그려요. / 다리와 무늬를 그려요.

색칠하면 완성!

> 무당벌레 색깔은 빨간색뿐만 아니라 노란색, 검은색도 있답니다.

사슴벌레와 장수풍뎅이

사슴벌레

긴 네모를 작게 그려요.   네모 하나를 더 붙여 그려요.   둥글게 등 부분을 그려요.

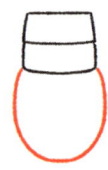 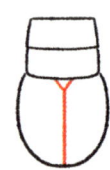

가운데 Y 모양을 그려요.

 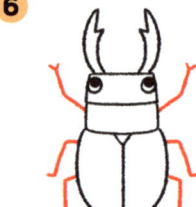 

눈과 뿔을 그려요.   다리를 그려요.   색칠하면 완성!

장수풍뎅이

   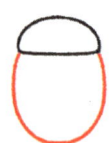 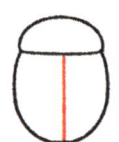

넓은 반 동그라미를 그려요.   둥글게 등 부분을 그려요.   세로선을 그려요.   눈과 뿔을 그려요.

다리를 그려요.   색칠하면 완성!

날 때는 딱지 날개 속에 있는 얇고 부드러운 날개가 쏙 나와요.

개구리와 올챙이

개구리

1
작은 동그라미
두 개를 그려요.

2
조금 띄워
눈꺼풀을 그려요.

3
얼굴 모양을 그려요.

4
눈, 코, 입을 그려요.

5
앞다리를 그려요.

6
배와 뒷다리까지 그려요.

7
색칠하면 완성!

올챙이에서 개구리로 자라는 과정

개구리알

꼬리가 쭈욱

뒷다리가 쭈욱

앞다리도 쭈욱

꼬리가 사라졌어요.

새 가족

🟡 **날고 있는 새**

①
동그라미를 그려요.

②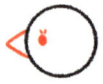
부리와 눈을 그려요.

③
둥글게 몸을 그려요.

④
위아래에 날개를 그려요.

⑤
세모난 꼬리를 그려요.

⑥
색칠하면 완성!

🟡 **앉아 있는 새**

①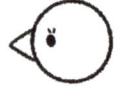
새 얼굴을 그려요.

②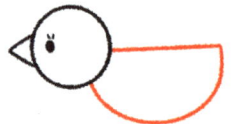
반동그라미로 몸을 그려요.

③
날개를 그려요.

④
세모난 꼬리와 다리를 그려요.

⑤
색칠하면 완성!

아빠 새는 집을 지키고
엄마 새는 배가 고픈 아기 새들에게
줄 먹이를 가지고 오네요.

CHAPTER 7 바다로 휴가를 가요

여름방학에 바다로 휴가를 왔어요!
신나는 물놀이도 하고 바다생물들도 찾아보았지요.

해변에서 예쁜 조개를 찾았어요.
돌 뒤에 숨어 있던 게도 발견했어요.

아빠랑 함께한 물놀이는 정말 신났어요!

아빠, 엄마와
물고기와 꽃게도
잡아보았어요.

여러 모양의 물고기

물고기 1

 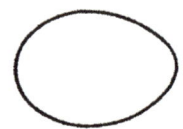 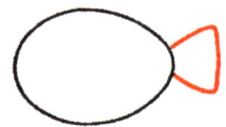 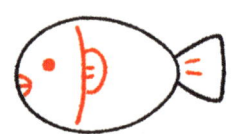 

동그라미를 그려요. / 꼬리를 그려요. / 눈, 입, 아가미와 지느러미를 그려요. / 색칠하면 완성!

물고기 2

세모를 그려요. / 작은 세모 꼬리를 그려요. / 눈, 입과 줄무늬를 그려요. / 색칠하면 완성!

물고기 3

    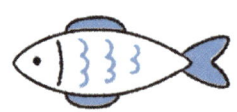

끝이 뾰족한 긴 동그라미를 그려요. / 꼬리를 그려요. / 눈, 아가미와 지느러미를 그려요. / 색칠하면 완성!

물고기 4

살짝 긴 동그라미를 그려요. / 눈, 입, 아가미와 꼬리를 그려요. / 지느러미와 줄무늬를 그려요. / 색칠하면 완성!

꽃게와 소라게

꽃게

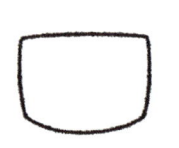

네모난 몸을 그려요. 눈, 입을 그려요. 집게발을 그려요. 작은 발을 그려요.

색칠하면 완성!

> 게는 위험을 느끼면 다리를 잘라내고 도망가기도 해요. 잘려진 다리는 천천히 자라난답니다.

소라게

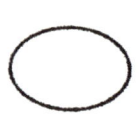
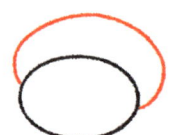
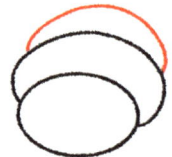
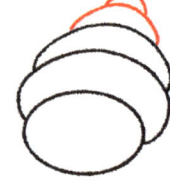

얼굴을 그려요. 위에 둥근 모자를 그려요 조금 더 작고 둥근 모자를 그려요. 더 작은 모자를 그려서 소라 모양을 그려요.

눈과 입을 그리고 양옆으로 집게발을 그려요. 작은 발을 그려요. 색칠하면 완성!

바다에 놀러 간다면
눈을 크게 뜨고 귀여운 게들을 찾아보세요.
그리고 즐거운 추억을 그림으로 남겨보아요.

고래와 돌고래

고래

1. 머리에서 등까지 한 번에 그려요.
2. 연결해서 배를 그려요.
3. 꼬리를 그린 후 얼굴과 옆 지느러미를 그려요.
4. 색칠하면 완성!

돌고래

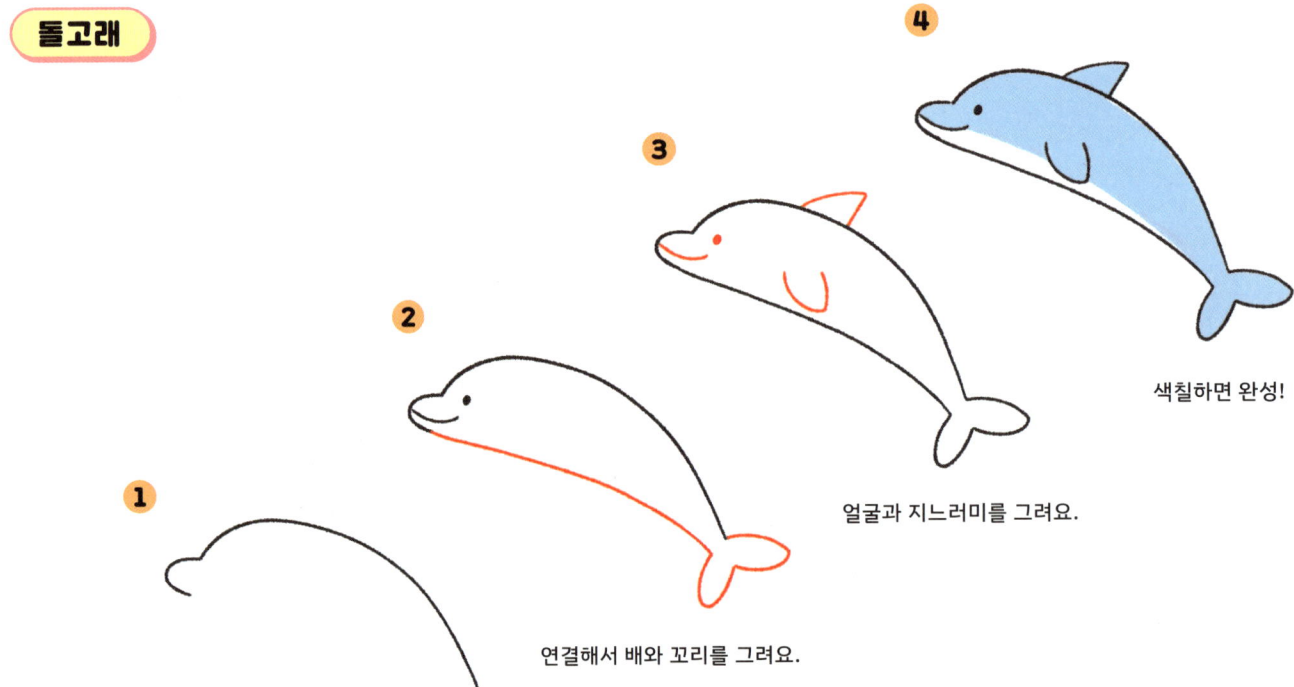

1. 머리에서 등까지 한 번에 그려요.
2. 연결해서 배와 꼬리를 그려요.
3. 얼굴과 지느러미를 그려요.
4. 색칠하면 완성!

오징어와 문어

 오징어

 ① 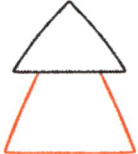 ② 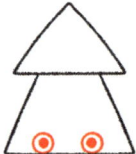 ③

세모를 그려요. 사다리꼴로 붙여 그려요. 아래쪽에 눈을 그려요.

④  ⑤  ⑥

긴 다리를 두 개 그려요. 사이에 작은 다리를 그려요. 색칠하면 완성!

 문어

① 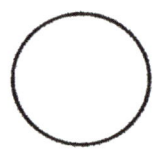 ②  ③  ④

동그라미를 그려요. 눈, 입을 그려요. 다리를 그려요. 색칠하면 완성!

> 오징어 다리는 10개, 문어 다리는 8개에요. 그림을 그릴 때 힘들면 모두 그리지 않아도 괜찮아요.

오징어와 문어는 바다의 카멜레온이에요.
적에게 몸을 숨기기 위해
몸의 모양과 색을 바꿀 수 있답니다.

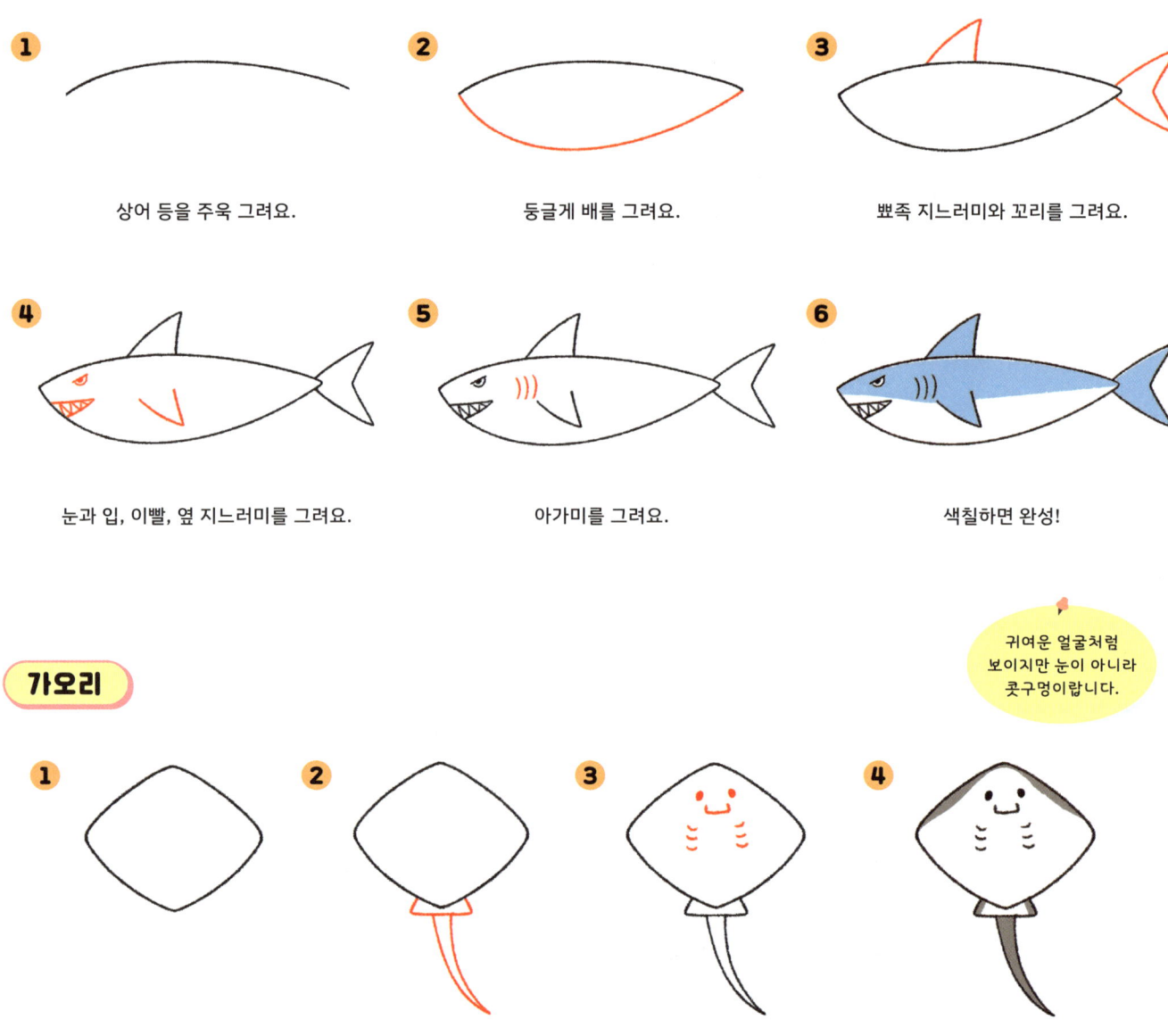

CHAPTER 8 나의 꿈 속 세상

밤이 되면 꿈 속 여행을 떠나요.
오늘 꿈 속에선 나는 무엇이 되어
어떤 친구들을 만날까요?

유니콘

유니콘

뒤에 있는 귀는 잘 보이지 않아서 하나만 그려도 괜찮아요.

1. 긴 동그라미를 그려요.
2. 귀를 그려요.
3. 눈, 코, 입과 목을 그려요.
4. 몸통을 그려요.

5. 다리를 그려요.
6. 뿔과 갈기, 꼬리를 그려요.
7. 색칠하면 완성!

날고있는 유니콘

1. 얼굴과 몸을 그려요.
2. 뿔, 갈기, 다리, 날개, 꼬리를 그려요.
3. 색칠하면 완성!

숲속 요정

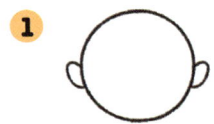
동그라미 얼굴과 귀를 그려요.

둥근 앞머리를 그려요.

눈, 코, 입을 그려요.

몸을 그려요.

양 손을 그려요.

양 발을 그리고
양말 선을 그려요.

별모자와 날개를
그리면 완성!

산타할아버지와 루돌프

산타할아버지

  얼굴 모양을 그려요.

 코와 수염을 그려요.

 눈썹, 눈, 입을 그려요.

 풍성한 수염을 그려요.

 산타 모자를 그려요.

 몸을 그리고 단추도 그려요.

 팔과 장갑, 다리와 부츠를 그려요.

 색칠하면 완성!

루돌프

  얼굴과 코를 그려요.

 입과 눈, 귀를 그려요.

 목과 몸통을 그려요.

 뿔과 다리, 꼬리를 그려요.

 색칠하면 완성!

슈퍼히어로

동그라미 얼굴과 귀를 그려요.

히어로 가면을 그려요.

눈, 코, 입을 그려요.

앞머리와 몸을 그려요.

쭉 뻗은 팔을 그려요.

나머지 팔을 그려요.

다리와 신발을 그려요.

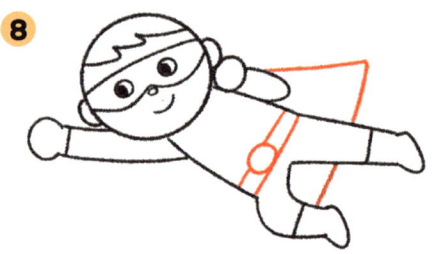
벨트와 망토를 그려요.

색칠하면 완성!

육식공룡

육식공룡

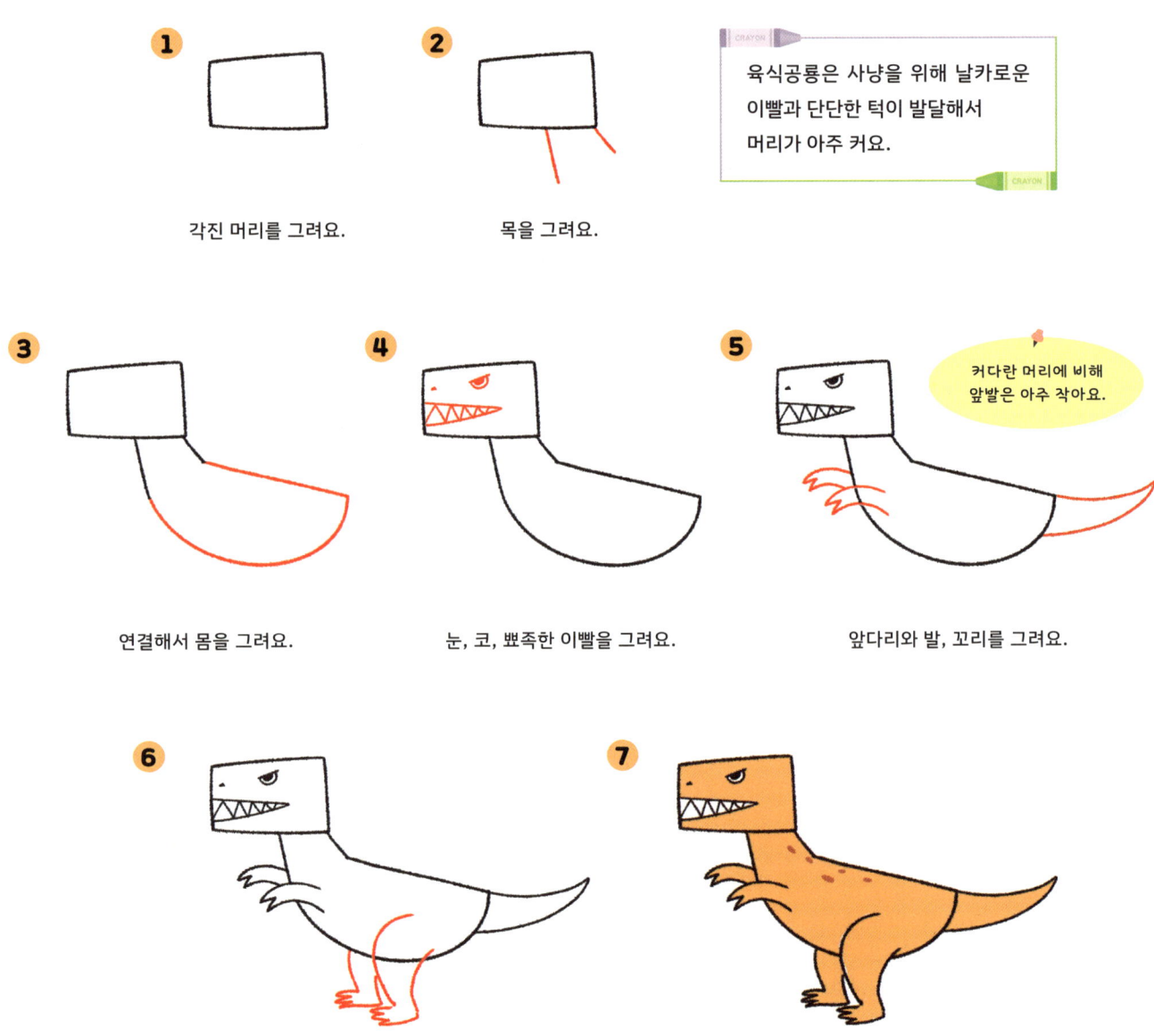

육식공룡은 사냥을 위해 날카로운 이빨과 단단한 턱이 발달해서 머리가 아주 커요.

1. 각진 머리를 그려요.
2. 목을 그려요.
3. 연결해서 몸을 그려요.
4. 눈, 코, 뾰족한 이빨을 그려요.
5. 앞다리와 발, 꼬리를 그려요.

커다란 머리에 비해 앞발은 아주 작아요.

6. 뒷다리와 발을 그려요.
7. 색칠하면 완성!

초식공룡

초식공룡

브라키오사우르스는 긴 목을 가지고 있는 대표적인 초식공룡이에요. 키가 아주 커서 우리가 살고 있는 아파트 8층 높이와 비슷하다고 해요.

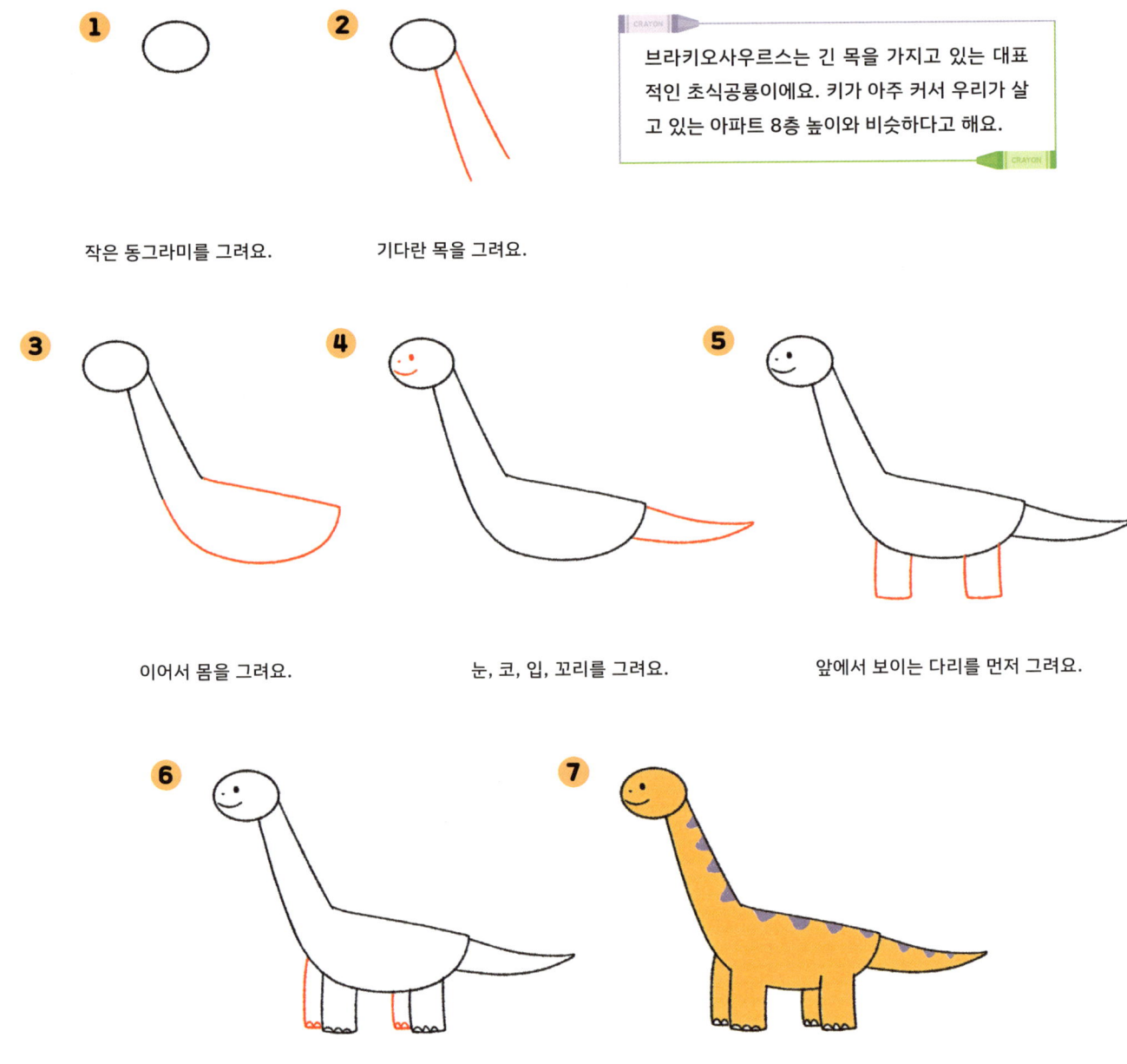

1. 작은 동그라미를 그려요.
2. 기다란 목을 그려요.
3. 이어서 몸을 그려요.
4. 눈, 코, 입, 꼬리를 그려요.
5. 앞에서 보이는 다리를 먼저 그려요.
6. 뒤에 보이는 다리와 발톱을 그려요.
7. 색칠하면 완성!

꼬마 마녀

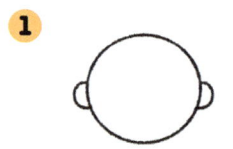

1. 동그라미 얼굴과 귀를 그려요.
2. 앞머리와 눈, 코, 입을 그려요.
3. 단발 옆머리를 그려요.
4. 뾰족한 마녀모자를 그려요.

5. 망토와 치마를 그려요.
6. 팔과 손을 그려요.
7. 다리와 신발, 빗자루를 그려요.

8. 색칠하면 완성!

내맘대로 몬스터

🖍️ 먼저 몬스터의 몸을 재미있는 모양으로 그려보아요!

🖍️ 원하는 모양의 눈을 골라 그려보세요. 눈의 갯수는 마음대로~

🖍️ 몬스터의 입을 골라 그려주세요.

🖍️ 이것은 손일까요, 발일까요? 상상하는 대로 그려주세요.

부록

그림으로 즐겁게 활동하기

우주선과 우주인

준비물

종이 / 크레파스 / 물감 / 풀 / 가위 / 테이프 / 휴지심

종이에 크레파스로 알록달록 별들을 그려요. (물감을 사용할 예정이라 얇은 스케치북 종이보다 더 두꺼운 종이가 좋아요.)

검은색 물감을 칠해 어두운 우주를 만들어요.

우주인을 그리고 가위로 잘라주세요.

종이에 우주선의 뾰족한 앞부분과 날개, 불꽃을 그린 후 준비해둔 휴지심에 붙여 우주선을 만들어요.

우주에 떠 있는 느낌을 살리기 위해 잘라 놓은 우주인에 붙일 지지대를 만들어 볼게요. 우선 사진과 같이 길게 자른 종이 두 장의 끝을 맞춰 풀로 붙여줍니다.

화살표 방향으로 한 장씩 교대로 접어주다가 끝에 한번 더 풀로 붙여 지지대를 완성합니다.

만든 지지대를 우주인 뒤에 사진처럼 붙여줍니다.

지지대를 붙인 우주인과 휴지심 우주선을 원하는 곳에 붙여줍니다. 외계인과 행성들도 그려서 지지대를 붙인 후 자유롭게 붙여주면 무중력이 느껴지는 입체 우주 그림이 완성됩니다.

움직이는 포크레인

준비물

종이 / 펜 / 크레파스 / 가위 / 실리콘 귀걸이

두꺼운 종이를 준비합니다. 반으로 접어 줍니다.

종이의 접은 윗부분에 맞춰 포크레인의 조종석 부분을 그리고 포크레인의 앞부분인 작업장치는 따로 분리해서 그려줍니다.

그려놓은 그림을 색칠해 줍니다.

조종석은 종이의 반이 접힌 상태로 잘라주세요. 작업장치는 상관없이 잘라주세요.

분리해서 그려놓은 작업장치를 그림과 같이 겹쳐 송곳으로 살짝 뚫어주세요. 준비해둔 실리콘 귀걸이가 들어갈 정도로만 구멍을 내면 됩니다. 크게 뚫어버리면 잘 고정되지 않아요.

구멍 낸 부분에 실리콘 귀걸이를 끼우고 뒷마개로 고정한 뒤 튀어나온 부분은 잘라주세요.

다음 운전석과 연결 부분에도 송곳으로 구멍을 내주세요.

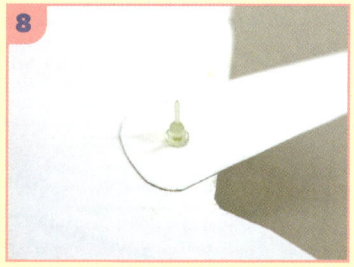

마찬가지로 실리콘 귀걸이를 끼우고 뒷마개로 고정해주세요. 튀어나온 부분은 잘라주세요.

접힌 부분을 벌려서 세우고 원하는 모양으로 움직여보세요. 움직이는 포크레인 그림이 완성되었습니다!

시들지 않는 꽃병

준비물

종이 / 크레파스 / 물감 / 풀 / 가위 / 칼

종이를 준비하고 그림과 같이 중심에서 아랫부분에 크레파스로 원하는 모양의 꽃병을 그려줍니다. (물감을 사용할 예정이라 얇은 스케치북 종이보다 더 두꺼운 종이를 준비해주세요)

물감으로 꽃병에 담긴 물을 그려주세요. 종이가 너무 얇거나 물감이 너무 묽으면 종이가 찢어질 수 있으니 조심해주세요.

물감이 마르면 화병의 표시된 부분을 칼로 잘라줍니다. (부모님이 꼭 도와주세요.)

꽃병에 꽂고 싶은 꽃들을 그리고 잘라주세요. 그림과 같이 줄기를 길게 그려야 꽃병에 예쁘게 들어갑니다.

장미는 줄기에 달린 꽃 외에 꽃송이 부분만 그린 것도 따로 잘라놓아 줍니다.

그려놓은 꽃들을 잘라놓은 부분에 맞춰 꽃병에 끼워주세요.

장미는 줄기 부분을 먼저 끼우고 따로 그린 꽃은 풍성한 느낌이 나도록 원하는 부분에 풀칠해서 붙여주세요.

시들지 않는 꽃병이 완성되었습니다!

나만의 미니 어항

준비물

씻은 재활용 플라스틱 / 종이 / 크레파스 / 가위 / 테이프 / 어항용 돌 또는 모래

재활용 플라스틱 상자를 깨끗이 씻어 준비해 주세요. 엄마 아빠가 마신 플라스틱 투명 커피컵도 좋아요!

종이에 바다 친구들을 그려서 잘라주세요. (준비해둔 상자 크기에 맞게 그려야 바다 친구들이 예쁘게 들어가요.)

잘라놓은 바다 친구들 뒤에 이쑤시개를 테이프로 고정시켜 주세요.

플라스틱 상자 바닥에 돌을 깔아요. (모래도 괜찮아요.)

이쑤시개를 붙인 바다 친구들을 원하는 곳에 꽂아주어요.

나만의 미니 어항이 완성되었어요!

똥손 엄마도 아이도 즐거운
세상 쉽고 재밌는 그림 그리기

초판 1쇄 인쇄 2023년 9월 20일
초판 1쇄 발행 2023년 9월 25일

지은이 소소하이

대표 장선희　**총괄** 이영철
기획편집 현미나, 한이슬, 정시아, 오향림
책임디자인 최아영　**디자인** 김효숙
마케팅 최의범, 임지윤, 김현진, 이동희
경영관리 전선애

펴낸곳 서사원　**출판등록** 제2023-000199호
주소 서울시 마포구 성암로330 DMC첨단산업센터 713호
전화 02-898-8778　**팩스** 02-6008-1673
이메일 cr@seosawon.com
네이버 포스트 post.naver.com/seosawon
페이스북 www.facebook.com/seosawon
인스타그램 www.instagram.com/seosawon

ⓒ 소소하이, 2023

ISBN 979-11-6822-218-2　73650

- 이 책은 저작권법에 따라 보호를 받는 저작물이므로 무단 전재와 무단 복제를 금지합니다.
- 이 책 내용의 전부 또는 일부를 이용하려면 반드시 저작권자와 서사원 주식회사의 서면 동의를 받아야 합니다.
- 잘못된 책은 구입하신 서점에서 바꿔 드립니다.
- 책값은 뒤표지에 있습니다.

서사원은 독자 여러분의 책에 관한 아이디어와 원고 투고를 설레는 마음으로 기다리고 있습니다.
책으로 엮기를 원하는 아이디어가 있는 분은 이메일 cr@seosawon.com으로 간단한 개요와 취지,
연락처 등을 보내주세요. 고민을 멈추고 실행해보세요. 꿈이 이루어집니다.